Einsterns Schwester

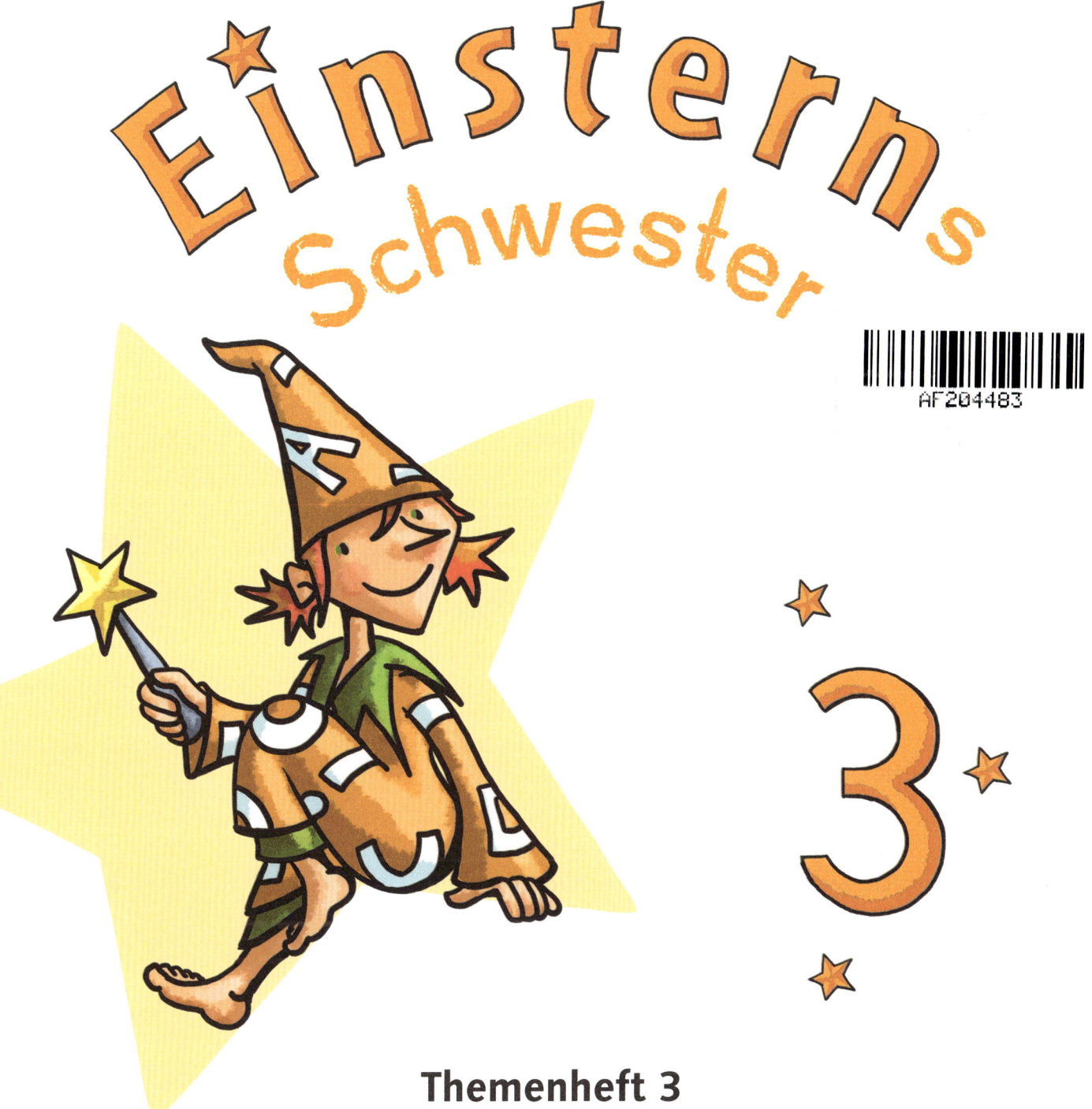

3

Themenheft 3
⭐ Texte planen und schreiben

Herausgegeben von
Roland Bauer, Jutta Maurach

Erarbeitet von
Katrin Baudendistel, Daniela Dreier-Kuzuhara

In Zusammenarbeit mit
der Redaktion Grundschule Deutsch 2–4

Cornelsen

Inhaltsverzeichnis

Ich bin Lola und helfe dir mit Profitipps.

So kannst du mit den Heften arbeiten

Du machst alle
Seiten der Lernportion 1.

Zuerst im
grünen Heft.

Dann im
roten Heft.

Dann im
gelben Heft.

Und dann im
blauen Heft.

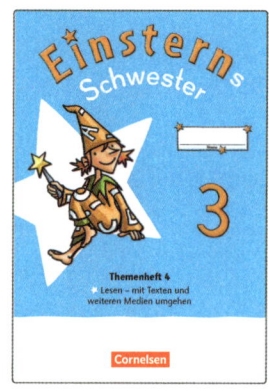

Danach machst du in
allen Heften die Lernportion 2.

Nun machst du in
allen Heften die Lernportion 3.

In diesem Heft
kannst du den
Grundwortschatz
vertiefend üben.

Genauso bearbeitest du
alle anderen Lernportionen.

1 Schreibe alle Wörter auf, die dir zum Thema Zirkus einfallen.

> Wörtersammlungen helfen beim Schreiben einer Geschichte.

2 Bitte ein anderes Kind, deine Wörtersammlung zu lesen und zu ergänzen.

3 Überlegt gemeinsam, wie ihr eure Wörter ordnen könnt.

Lernportion 1: Eine Schreibidee entwickeln

① Ergänze die Mind-Map mit deinen Zirkuswörtern von Seite 5.

zaubern

Stelzen

Tätigkeiten

Gegenstände

Zirkus

Dekoration

② Schreibe in fünf Sätzen auf, was dir bei einem Zirkusprojekt Spaß machen würde. Begründe.
Du kannst dazu die Wörter aus ① nutzen.

Heft 3, S. 6 ②
Mir würde ... Spaß machen,
weil ...

③ Stellt euch eure Texte aus ② gegenseitig vor.

① Überlege, wer du am liebsten sein würdest. Schreibe fünf Minuten lang Stichwörter zu deiner Wunschfigur auf. Du kannst die Bilder nutzen.

Heft 3, S. 7 ①
Wunschfigur: …
– …
– …

Forscherin, Labor, experimentieren, klug …

② Schreibe deine Gedanken zu deiner Wunschfigur in Sätzen auf. Nutze die Stichwörter aus ①.

Heft 3, S. 7 ②
…

③

Ich heiße König Richard. Ich lebe in einem goldenen Palast. Ich esse jeden Tag …

Lernportion 1: Eine Schreibidee entwickeln

① Lies die Anregungen zum Schreiben einer Geschichte.

Schreibe eine Geschichte
aus der Sicht deines Haustieres.

 Wähle eine Überschrift aus einer
Zeitschrift und schreibe dazu.

Nimm dir einen Gegenstand, der dir
etwas bedeutet. Erzähle eine Geschichte
aus der Sicht dieses Gegenstandes.

  Beschreibe die Begegnung mit einem Menschen,
den du gern einmal treffen möchtest.

Schreibe zu einem Bild.

② Tauscht euch über die Anregungen in ① aus und überlegt,
was ihr dazu schreiben könntet.

③ Wähle eine Anregung aus ① aus.
Schreibe dazu eine Geschichte.

Heft 3, S. 8 ③

So höre ich zu:

1. Vor dem Vortrag
   Ich setze mich bequem hin und **bin** ganz **ruhig**.
   Ich schaue die vortragende Person an.
   Ich überlege, um welches Thema es im Vortrag geht, und **konzentriere mich**.

2. Während des Vortrags
   Ich höre aufmerksam **zu** und denke mit.
   Ich achte nur auf den Vortrag und lasse mich nicht ablenken.
   Fragen merke ich mir für später.

3. Nach dem Vortrag
   Ich stelle meine **Fragen**.
   Ich sage, was mir gut gefallen hat, und **gebe Tipps**.

Notizen können beim Zuhören hilfreich sein.

1 Überlegt, welche Aussagen richtig und welche Aussagen falsch sind. Tauscht euch aus. Markiert die richtigen Aussagen.

| A | Vor dem Vortrag hole ich etwas zu trinken und zu essen. |

| B | Ich nehme meine Zuhörposition ein und bin ganz ruhig. |

| C | Ich spreche während des Vortrags mit einem anderen Kind. |

| D | Wenn ich eine Frage habe, stelle ich sie gleich, damit ich sie nicht vergesse. |

| E | Nach dem Vortrag stelle ich meine Fragen und gebe eine Rückmeldung. |

Lernportion 1: Eine Schreibidee entwickeln

Plenum: Zuhörstrategien entwickeln

So trage ich einen Text vor:

1. **Ich stehe auf** und beginne erst, wenn alle ruhig sind.

2. **Ich formuliere** einen Einleitungssatz.
   Ich möchte euch vorstellen, wie mein Leben als … aussehen würde.

3. **Ich trage** meinen Text **vor**.
   Ich **spreche** dabei **langsam**, **laut** und **deutlich**.

4. **Nach jedem Satz** mache ich eine **kurze Pause** und schaue von meinem Text auf.

① Trage den Text zu deiner Wunschfigur von Seite 7, Aufgabe ②, mit Hilfe des Leitfadens vor.

②

Lernportion 1: Eine Schreibidee entwickeln

Plenum: Merkmale eines gelungenen Vortrags nennen
MK-Tipp: eine Präsentation aufnehmen

D 26

① Lies den Brief.

1 | Klasse 3a
der Sonnenschule
Lindenstraße 22
23456 Neustadt

Straßenverkehrsamt **2**
Hauptstraße 4
23436 Neustadt

Neustadt, den 15. September 2023

3 | **Wunsch**

4 | Sehr geehrte Damen und Herren,

vor unserer Schule fahren immer sehr viele Autos. Das ist gefährlich für uns. Wir wünschen uns eine Ampel oder einen Zebrastreifen, damit wir sicher über die Straße gelangen können.

5 | Mit freundlichen Grüßen

Klasse 3a

② Ordne den Begriffen die Erklärungen durch die passende Nummerierung zu.

1	Absender

_____ Person, die einen Brief erhalten soll

2	Empfänger

_____ Grund einer schriftlichen Nachricht

3	Betreff

_____ freundliche Verabschiedung

4	förmliche Anrede

_____ Person, die einen Brief verschickt

5	förmliche Grüße

_____ Anrede einer Person mit Nachnamen oder mit „Sehr geehrte Damen und Herren"

① **Lest die E-Mail.**

Vergleicht die E-Mail mit einem Brief. Findet Unterschiede.

An:	training.maier@beispiel.de
Cc:	hanna.blume@beispiel.de
Betreff:	Anmeldung zu den E-Junioren

Sehr geehrte Frau Maier,

meine Freundin Hanna und ich möchten uns gern für das Fußballtraining der E-Junioren anmelden. Bitte teilen Sie uns mit, ob Sie noch zwei Plätze frei haben und wann das Training stattfindet. Was müssen wir außer Sportzeug und Getränken noch mitbringen?

Wir freuen uns sehr, wenn das klappt.

Freundliche Grüße

Hanna und Bente

② **Ergänze die Sätze zur E-Mail.**

E-Mail-Adresse	Betreff	Brief	Internet	Ort	Datum

Im Vergleich zu einem Brief fehlen rechts oben _____ und

_____. Die Anschrift ist eine _____.

Der _____ wird in der Betreffzeile im E-Mail-Kopf eingetragen.

In einer E-Mail werden förmliche Anrede und Verabschiedung wie bei

einem _____ verwendet.

Die E-Mail wird über das _____ verschickt.

12

Lernportion 2: Andere schriftlich informieren
MK: Unterschiede zwischen digitalen und analogen Nachrichten erkennen
MK-Tipp: eine E-Mail verfassen

So kannst du eine E-Mail beantworten

- Klicke auf **Antworten**.
- Es öffnet sich eine neue E-Mail. Darin ist die Adresszeile
  schon ausgefüllt. In der Betreffzeile steht **AW** vor dem Text.
  Das bedeutet **Antwort**.

		Senden
An:	anna.schneider@beispiel.de	
Betreff:	AW: Besuch	

- Schreibe nun deine Antwort.
- Klicke auf **Senden**. Die Nachricht wird nun über das Internet verschickt.

---

① Lies die E-Mail von Tims Oma und schreibe auf,
was Tim antworten könnte.

Heft 3, S. 13 ①

		↺ Antworten
An:	tim.schneider@beispiel.de	
Betreff:	Besuch	

Lieber Tim,

ich freue mich, dass du am Wochenende zu mir kommst. ☺

Schreib mir noch, wann dein Zug ankommt.

Was wollen wir denn unternehmen?

Liebe Grüße

Oma

So informiere ich andere über ein Thema:

1. **Ich entscheide mich** für ein Thema.

2. **Ich überlege**, wo (Schulhomepage, Aushang in der Schule ...) und wie (Plakat, Schülerzeitung ...) mein Text veröffentlicht werden soll.

3. **Ich recherchiere** zu dem Thema, **plane** meinen Text und **notiere Stichwörter**.

4. **Ich schreibe** meinen Text und
   – strukturiere ihn übersichtlich,
   – verwende Zwischenüberschriften und mache Absätze,
   – hebe Wörter in Texten hervor, damit Wichtiges zuerst erkannt wird,
   – achte auf kurze und aussagekräftige Sätze,
   – füge Bilder ein.

5. **Ich lese** und **verbessere**, wenn nötig.

6. **Ich veröffentliche** meinen Text.

Überlege, für wen du einen Text schreibst. Das nennt man **adressatenbezogenes Schreiben**.

Lernportion 2: Andere schriftlich informieren

Plenum: Austausch über Schreibabsicht, Schreibsituation, Adressaten und Verwendungszusammenhang, Unterscheiden zwischen persönlicher und förmlicher Kommunikation

14

① Lies den Text, den Lisa und Tim für die Schulhomepage geschrieben haben.

Das Monatsmotto unserer Schule ist:

FREUNDLICHKEIT!

Mach mit!

Ich sage HALLO und GUTEN TAG.

Ist es nicht schön, wenn dich jemand anlächelt?

Begrüße alle Personen, die du im Schulhaus triffst,

und schenke ihnen ein Lächeln.

Ich sage BITTE.

Ist es nicht nett und höflich, wenn dich jemand um etwas bittet?

Versuch es und sage so oft wie möglich Bitte.

„Könnte ich bitte deinen blauen Buntstift haben?"

Ich sage DANKE.

Ist es nicht schön, wenn sich jemand bei dir bedankt?

Bedanke dich, wenn jemand etwas Nettes für dich getan hat.

„Danke, dass du auf mich gewartet hast!"

② Wähle ein Thema und schreibe einen Text wie in ①.
Gestalte ein Plakat oder schreibe am Computer.

> Strom sparen: Das sind die besten Tipps!

> Für einen sauberen Park: Helft alle mit!

> Verpackungsmüll vermeiden: So geht's!

Nutze
den Leitfaden
auf Seite 14.

Lernportion 2: Andere schriftlich informieren

Plenum: sich darüber austauschen, warum Freundlichkeit wichtig ist
MK: einen Text digital oder analog veröffentlichen

D 27

15

1 Wähle ein Thema, zu dem du eine Geschichte schreiben möchtest.
Sammle dazu Stichwörter oder fertige eine Mind-Map an.

2 Schreibe deine Wörter aus **1** an den roten Faden.
Ordne sie nach Einleitung, Hauptteil und Schluss.

Einleitung
Wer?
Wann?
Wo?

Hauptteil
Was passiert?

Schluss
Wie endet die
Geschichte?

Lernportion 3: Geschichten planen, schreiben und überarbeiten

Plenum: sich über verschiedene Möglichkeiten der Textplanung austauschen;
besprechen und begründen, welche Möglichkeit in **1** ausgewählt wurde

16

Eine Geschichte besteht aus Einleitung, Hauptteil und Schluss.
Die **Einleitung** beantwortet kurz diese Fragen:
Wer spielt mit? **Wann** spielt die Geschichte? **Wo** spielt sie?
Der **Hauptteil** erzählt ausführlich, **was** passiert.
Im **Schluss** steht knapp, **wie** die **Geschichte endet**.

① Lies den Text.

Der neue Schüler

1   Wie jeden Mittwoch in der 1. Stunde hatten wir

Mathematik bei Herrn Werner. Wir durften in unserem

Klassenzimmer verschiedene Gegenstände wiegen.

Da klopfte es.

5   Eine Frau, ein Junge und ein Hund standen in der Tür.

„Ist das hier die Klasse 3b?", fragte die Frau.

Herr Werner nickte freundlich. „Ich bringe Ihnen

einen neuen Schüler", sagte die Frau, „meinen Sohn Chan."

Chan lächelte schüchtern.

10 „Neben Paul ist ein Platz frei, da kannst du dich hinsetzen",

sprach Herr Werner.

Plötzlich sprang der Hund los und setzte sich auf den freien Stuhl.

Die ganze Klasse lachte.

Die Mutter pfiff nach ihrem Hund und Chan

15 setzte sich lachend auf den frei gewordenen Platz.

② Unterstreiche die Teile der Geschichte in ① farbig:
Einleitung, Hauptteil, Schluss.

1 Lies den Text. Überprüfe, ob es sich um eine Einleitung handelt.
Beantworte dazu die Fragen: Wer? Wann? Wo?

Meine Oma Susanne wollte ihren Gartenschuppen am Mühlbach entrümpeln.
Erkan, Alma und ich halfen ihr am Freitag dabei.

Wer?

Wann?

Wo?

2 Überlege, zu welchem Erlebnis du
eine Geschichte schreiben möchtest.

a Wer spielt in dieser Geschichte mit?

b Wann spielt die Geschichte?

c Wo spielt die Geschichte?

3 Schreibe die Einleitung zu deinem Erlebnis aus ② auf.

1 Lies die Einleitung der Geschichte.

Eine große Überraschung

Es war an einem sonnigen Samstag im Mai. Mein Bruder und ich waren gerade aufgestanden und kamen zum Frühstück in die Küche. Da sagte unser Papa: „Wenn ihr aufgegessen habt, macht euch schnell fertig, ihr beiden. Wir haben etwas Tolles vor."

2 Schreibe mit Hilfe der Stichwörter den Hauptteil der Geschichte aus ① auf.

Heft 3, S. 19 ②

...

Fahrt zum Tierheim

viele kleine Hunde

einer besonders neugierig

Name Benni

wichtige Tipps von Tierpflegerin

Spaziergang zum Kennenlernen

Ein roter Faden hilft beim Schreiben.

3 Schreibe einen Schluss für die Geschichte aus ① und ②.

Heft 3, S. 19 ③

...

Lernportion 3: Geschichten planen, schreiben und überarbeiten

Plenum: die Funktion des roten Fadens und von Stichwörtern für das Schreiben von Geschichten beschreiben

> Jede Geschichte hat eine **Überschrift**.
> Sie muss zum Text passen und zum Lesen anregen.

1 Seht euch die Fotos an.
Erzählt euch die Geschichte. Überlegt euch einen Schluss.

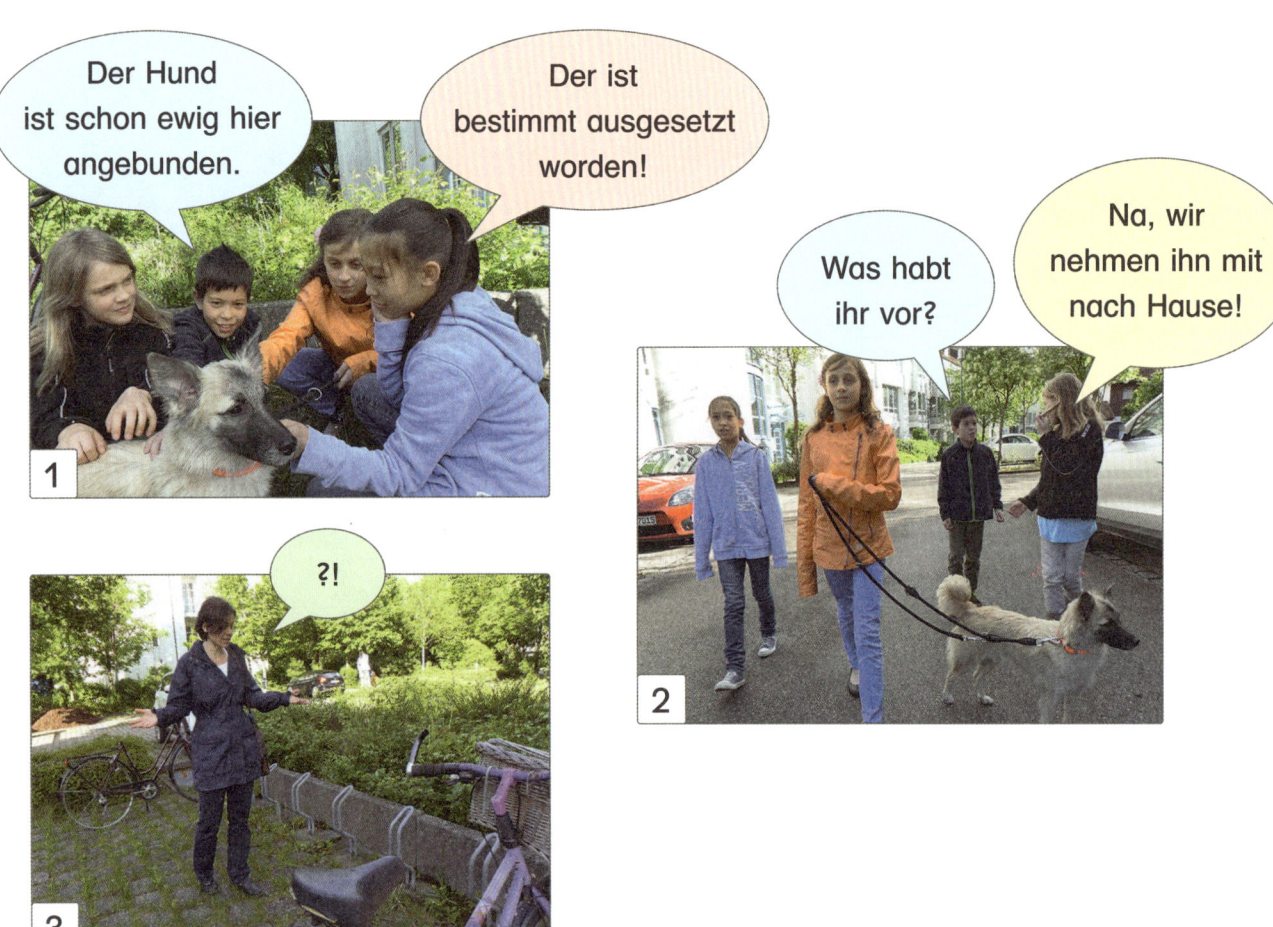

2 Überlege dir eine Überschrift zu ① und schreibe sie auf.

3 Stellt euch gegenseitig eure Überschriften vor und überlegt,
welche euch am besten gefallen. Begründet eure Meinung.

Lernportion 3: Geschichten planen, schreiben und überarbeiten

Plenum: sich über das Verhalten der Personen aus der Bildergeschichte austauschen
MK-Tipp: ein Foto für den Schluss der Geschichte machen

20

Ein Text wird besser, wenn die **Satzanfänge unterschiedlich** sind.

1 Schreibe das Erlebnis auf. Setze passende Satzanfänge ein.

| Plötzlich | Zum Glück | Wir | So | Zunächst | Dort | Dann |

Ein Erlebnis im Wald

Gestern haben wir an einem Lauf teilgenommen.

☐ trafen wir uns beim Start.

☐ bekam jedes Team eine Karte.

☐ fiel der Startschuss.

☐ standen wir an einer unbekannten Brücke.

☐ hatten uns verlaufen.

☐ half uns ein Streckenposten weiter.

☐ haben wir das Ziel noch erreicht.

Gestern

So schreibe ich eine Erlebnisgeschichte:

1. **Ich überlege**, zu welchem Erlebnis ich eine Geschichte schreiben möchte.

2. **Ich plane** eine Erlebnisgeschichte und notiere Stichwörter. Dabei beachte ich
   – die Einleitung (Wer? Wann? Wo?),
   – den ausführlichen Hauptteil (Was passiert?),
   – den Schluss (Wie endet die Geschichte?).

3. **Ich schreibe** meine Erlebnisgeschichte. Dazu nutze ich meine Stichwörter und weitere Ideen.

Ich schreibe darüber, wie ich gestern auf Imo aufgepasst habe.

4. **Ich lese** die Erlebnisgeschichte noch einmal durch und achte dabei auf abwechslungsreiche Satzanfänge.

5. **Ich überarbeite** die Erlebnisgeschichte.

6. **Ich finde** eine passende Überschrift für die Erlebnisgeschichte.

1 Schreibe mit Hilfe des Leitfadens eine Erlebnisgeschichte.

Heft 3, S. 22 ①

So bespreche ich Geschichten in einer Schreibkonferenz:

1. **Ich suche** mir drei Kinder, mit denen ich meine Geschichte besprechen möchte.

2. **Ich verteile** die Aufgaben:

   Verständnisprofi:
   Ist alles verständlich?
   Kann man die Geschichte mit eigenen Worten wiedergeben?

   Aufbauprofi:
   Werden in der Einleitung diese Fragen beantwortet: Wer? Wann? Wo?
   Ist der Hauptteil ausführlich und interessant?
   Rundet der Schluss die Geschichte ab?
   Passt die Überschrift?

   Ausdrucksprofi:
   Sind die Sätze zu lang?
   Sind die Satzanfänge abwechslungsreich?

3. **Ich lese** meine Geschichte den anderen Kindern (mehrmals) vor.

4. **Ich erhalte** von den anderen Kindern Hinweise.

5. **Ich überarbeite** meine Geschichte.
   Die Hinweise der anderen Kinder können mir dabei helfen.

 ① Besprich in einer Schreibkonferenz deine Erlebnisgeschichte von Seite 22 mit Hilfe des Leitfadens.

Lernportion 3: Geschichten planen, schreiben und überarbeiten

Plenum: Vorgehensweisen bei der kriteriengeleiteten Überprüfung und Optimierung von Texten in Bezug auf Verständlichkeit und Wirkung im Rahmen einer Schreibkonferenz beschreiben

AH 27

 D 28 **23**

① Ergänze in Tims Beschreibung die passenden Adjektive zu den Nomen.
Nutze auch die Anregungen im Wortkasten.

Heft 3, S. 24 ①
Auf dem Kopf hat das Kind
eine … Kappe.
…

- ⭐ gepunktet
- ⭐ blond
- ⭐ gelockt
- ⭐ dunkelhaarig
- ⭐ kurz
- ⭐ lang
- ⭐ bunt
- ⭐ sonnengelb
- ⭐ knallrot
- ⭐ frühlingsgrün
- ⭐ gestreift

Wer ist gemeint?

Auf dem Kopf hat das Kind eine Kappe. Es trägt eine Jacke, eine Hose und Schuhe. In der Hand hält es ein Seil.

② Lies deinen Text aus ① einem Partnerkind vor.
Wenn es auf das richtige Kind zeigt,
hast du es genau beschrieben.

Mit Adjektiven kannst du genauer beschreiben.

③ Beschreibe ein weiteres Kind aus der Abbildung genau.
Wenn dein Partnerkind auf das richtige Kind zeigt,
hast du es genau beschrieben.

1 Ordne jeder Figur die passende Beschreibung zu, indem du die passende Nummer einträgst.

1	2	3	4

Frau Wandel

runder Kopf | braune Haare | Mittelscheitel | langer, geflochtener Zopf | geschwungene Augenbrauen | große, blaue Augen | schiefe Nase | lange, hängende Ohrringe | Grübchen an den Wangen | geschwungene, runde Lippen

Herr von Hotzenbach

eckiger Kopf | kurze, lockige, rote Haare | eng stehende, braune Augen | buschige Augenbrauen | große Knollennase | schiefer Mund | schmale Lippen | abstehende Ohren

Herr Ludwig

ovaler Kopf | spitzes Kinn | Halbglatze mit blonden Haaren | langer Zwirbelbart | große, grüne Augen | dünne Augenbrauen | anliegende Ohren | kleine Nase | volle Lippen

Frau Dürr

länglicher Kopf | schulterlange, zerzauste, schwarze Haare | schmale, braune Augen | dünne Augenbrauen | Stupsnase | breiter Mund | schmale Lippen | rote Wangen | Sommersprossen

2 Ordne die Wörter richtig zu. Unterstreiche in der entsprechenden Farbe.

Kleidung   Figur/Körperbau   Besonderheiten

schlank ✷ gestreift ✷ Zahnlücke ✷ zierlich ✷

sportlich ✷ Grübchen ✷ einfarbig ✷ muskulös ✷

Narbe ✷ gepunktet ✷ korpulent ✷ Muttermal ✷

geringelt ✷ mollig ✷ Tätowierung ✷ gemustert ✷

kariert ✷ X-Beine ✷ bunt ✷ Sommersprossen

Kläre unbekannte Wörter.

So schreibe ich eine Personenbeschreibung:

1. **Ich überlege**, welche Person ich beschreiben möchte.

2. **Ich sehe genau hin** und notiere Stichwörter zu möglichst vielen Merkmalen: Größe, Alter, Figur, Kopf, Kleidung.

3. **Ich schreibe** eine Personenbeschreibung und verwende
   – treffende Wörter zur genauen Beschreibung,
   – abwechslungsreiche Satzanfänge:
   Er …, Sie …, Außerdem …, Um …, Sein …, Die …, Ihr …

4. **Ich lese** die Personenbeschreibung noch einmal durch und achte dabei auf treffende Wörter.

5. **Ich überarbeite** die Personenbeschreibung.

Schlanke Figur,
spitzer Buchstabenhut,
rote Haare mit zwei Zöpfen,
kleine, grüne Augen,
spitze Nase, kleiner Mund,
Buchstabenkleid mit grünem Kragen,
barfuß …

① Beschreibe ein Kind aus deiner Klasse ausführlich.
Schreibe auf ein Blatt Papier. Daraus soll ein Personenrätsel werden.
Nenne deshalb nicht den Namen des Kindes.

③ Wähle eine Personenbeschreibung aus ② aus.
Male dazu und hänge das Bild unter die Beschreibung.

④ Schreibe auf Kärtchen, was gut gelungen ist und
was noch verbessert werden kann. Befestige diese
unter der entsprechenden Personenbeschreibung.

(1) Lies den Text. Achte besonders auf
die Personenbeschreibung in Zeile 7 – 12.

Wer kennt diesen Mann?

1   Am Sonntag fuhr ich mit meinem Fahrrad
am Rheinufer in Mainz entlang.
In der Nähe der Südbrücke hatte ich
einen platten Reifen. Ein netter Mann
5   schenkte mir sein Fahrradflickzeug.
Ich möchte mich gern bei ihm bedanken.

Der Mann ist mittelalt.
Er ist ca. 1,80 m groß und sportlich.
Der Mann hat ein rundes Gesicht.
10   Er hat braune Haare und einen Bart.
Seine Nase und seine Augen sind groß.
Er trägt ein T-Shirt, eine Hose und blaue Schuhe.

Über Hinweise würde ich mich freuen.
Meine Telefonnummer ist 0176 – 04 06 90 22.

(2) Überarbeite die Personenbeschreibung aus **(1)**.
Beschreibe den Mann mit passenden Adjektiven
genauer. Sieh dir dazu auch das Bild an.

Heft 3, S. 28 ②
Der Mann …

(3) Lest euch eure Personenbeschreibungen aus **(2)** vor.
Gebt euch eine Rückmeldung, was gut gelungen ist
und was ihr noch verbessern könnt.

Der Leitfaden
auf Seite 26
hilft dir.

1 Lies den Steckbrief und zeichne Lotta entsprechend.

Name:	Lotta
Alter:	9 Jahre
Gestalt:	schlank
Kopf:	rund
Haare:	schulterlange, braune Haare, zwei Zöpfe
Augen:	grün
Nase:	schmal und spitz
Kleidung:	gelbes Kleid mit roten Punkten, rote Strumpfhose, blaue Sandalen
Besondere Kennzeichen:	Sommersprossen, grüne Brille

2 Beschreibe Lotta in Sätzen. Die Satzanfänge helfen dir.

Das Kind heißt …	Lotta ist …	Sie hat …	Ihre Haare …	…

> Ich nutze die **Vergangenheitsform**, wenn ich eine Geschichte
> über ein **vergangenes Erlebnis aufschreibe**.

1 Finde zum Bild fünf weitere passende Verben.
Schreibe sie in der Tabelle unten in der Gegenwartsform
und der Vergangenheitsform auf.

Gegenwartsform	Vergangenheitsform
sie zieht	sie zog

② Lies den Text und unterstreiche die Verben.

Unfall auf dem Pausenhof

Lisa <u>zieht</u> an einem Seil einen Rollwagen, auf dem Emil sitzt.
Lisa rennt sehr schnell. Da prallt der Wagen an den Stamm
der dicken Eiche. Emil knallt an den Baum und
fällt auf den Boden. Seine Nase blutet stark
und er weint laut. Emil kommt zwei Wochen
nicht in die Schule. Seine Nase ist gebrochen
und er hat eine Gehirnerschütterung.

③ Schreibe das Pausenerlebnis aus ② in der Vergangenheitsform auf.
Unterstreiche die Verben.

Lisa <u>zog</u>

So schreibe ich eine Nacherzählung:

1. **Ich passe genau auf,** wie die Geschichte verläuft.

2. **Ich notiere** Stichwörter zum Inhalt der Geschichte.

3. **Ich schreibe** mit Hilfe der Stichwörter eine Nacherzählung und achte darauf,
   – in der Einleitung alle W-Fragen aufzugreifen,
   – nur das Wichtigste zu erzählen, nichts zu erfinden,
   – die richtige Reihenfolge einzuhalten,
   – die Vergangenheitsform zu verwenden,
   – unterschiedliche Satzanfänge zu nutzen.

4. **Ich lese** die Nacherzählung noch einmal durch und achte dabei auf die Vergangenheitsform und unterschiedliche Satzanfänge.

5. **Ich überarbeite** die Nacherzählung.

① Lies die Geschichte auf Seite 33.
Kläre unbekannte Wörter und notiere Stichwörter.

Heft 3, S. 32 ①

...

Ein buntes Land

1 Kokokaka war ein Land hinter den Bergen. Dort lebten die Pumpus schon
seit tausend Jahren. Zu allen Zeiten gab es große und kleine, dicke und
dünne, kluge und dumme Pumpus. Doch so unterschiedlich sie auch waren,
eines hatten alle Pumpus gemeinsam: ein blaues Fell.

5 Bis eines Tages das erste Pumpu mit einem roten Fell geboren wurde.
Seine Eltern erschraken sehr, als sie ihr rotes Kind sahen. Sie wuschen und
schrubbten es immer wieder, aber das Fell ihres Kindes blieb rot. „Ich habe es
trotzdem lieb", sagte die Mutter. Der Vater nickte. „Hauptsache, es ist gesund
und wird glücklich."

10 Gesund war das rote Pumpu, aber richtig glücklich nicht. Denn obwohl seine
Eltern es lieb hatten und die meisten Pumpus nett zu ihm waren, spürte das
rote Pumpu, dass es anders war. Und manchmal war es deswegen traurig.

Einmal meinte ein großes Pumpu: „Ich wünsche mir schon lange ein grünes
Fell. Nur habe ich mich bisher nie getraut, das zu sagen." Das große Pumpu
15 füllte einen Bottich mit Wasser, sammelte verschiedene Kräuter und warf
sie hinein. Bald färbte sich das Wasser grün und das große Pumpu stieg
in den Bottich. Und es dauerte nicht lange, bis ein grünes Pumpu aus dem
Bottich stieg. Es schaute an sich hinunter und strahlte. Auch andere färbten
in den nächsten Wochen ihr Fell und bald gab es Pumpus in vielen Farben.
20 Zwischen den vielen farbigen Pumpus fühlte sich das rote Pumpu endlich
wohl und war nun sehr glücklich. ◇

Manfred Mai

 ② Erzähle den Inhalt des Textes mit Hilfe deiner
Stichwörter aus ① einem Partnerkind.

③ Schreibe mit Hilfe des Leitfadens auf Seite 32
und deiner Stichwörter eine Nacherzählung.

Heft 3, S. 33 ③

…

Lernportion 5: Geschichten nacherzählen

Plenum: Lernergebnisse präsentieren; die Berücksichtigung der im Leitfaden dargestellten Gesichtspunkte
beschreiben und bewerten
MK-Tipp: sich mit Hilfe einer Kindersuchmaschine im Internet über Manfred Mai informieren

 D 30   33

1 Suche dir vier Kinder, mit denen du die Geschichte von Seite 33 spielen willst.

a Lest gemeinsam die Geschichte noch einmal durch.

b Verteilt die Rollen:
ein Erzähler oder eine Erzählerin, Mutter, Vater, rotes Pumpu, großes Pumpu

c Überlegt gemeinsam:

Was sagen die Personen?
– der Erzähler liest vor
– Mutter bei der Geburt des roten Pumpus
– Vater
– …

**Was tun die Personen (= Handlungen und Gesten)
und welche Gefühle zeigen sie?**
– Eltern erschrecken (Hand vor dem Mund …)
– Vater füllt Eimer mit Wasser, um rotes Pumpu zu schrubben …
– …

2 Übt das Vorspiel.

3 Spielt die Geschichte eurer Klasse vor und lasst euch
eine Rückmeldung geben.

1 Lies die Geschichte.

Allein zu Hause

Gestern Abend gingen meine Eltern ins Kino und ich war das erste
Mal allein zu Hause. Ich sah mir noch eine Zeichentrickserie an,
die bis 20 Uhr dauerte, und dann ging ich ins Bett. Ich war fast
eingeschlafen, da hörte ich plötzlich ein leichtes Kratzen am Rollladen.
Sofort war ich wieder hellwach. Ich hatte schreckliche Angst.
Dann hörte ich ein „Miau" und wusste, dass es nur unser Kater Kasimir
war. Nun schlief ich beruhigt ein.

 2 Beurteilt die drei Nacherzählungen. Begründet eure Meinung.
Nutzt den Leitfaden auf Seite 32.

Gestern Abend schlief ich vor dem Fernseher ein.
Plötzlich erwachte ich von einem leichten Kratzen
am Rollladen.

Gestern gingen meine Eltern ins Kino und ich war allein. Bis
zwanzig Uhr sah ich eine Serie, dann ging ich in mein Bett.
Kurz vor dem Einschlafen hörte ich plötzlich ein leichtes
Kratzen am Rollladen. Ich hatte Angst. Zum Glück war es nur
unser Kater, sodass ich beruhigt einschlief.

Gestern Abend war ich allein zu Hause. Ich setzte mich
mit Keksen vor den Fernseher. Meine Zeichentrickserie
fand ich super und ich schaute besonders lang, da
meine Eltern nicht da waren.
Plötzlich hörte ich ein lautes Krachen am Rollladen.
Meine Katze hat wahrscheinlich einen Vogel gefangen.

Ein Text wird lebendiger, wenn man nicht immer die gleichen Wörter benutzt, sondern diese durch Wörter aus dem gleichen **Wortfeld** ersetzt:

Gedanke kann durch Idee oder Einfall ersetzt werden,

leuchten kann durch schimmern oder glitzern ersetzt werden,

groß kann durch riesig oder gewaltig ersetzt werden.

① Notiere die Wortfelder.

A	Stänkerei, Zank, Reiberei	Streit
B	winzig, mickrig, daumengroß, lütt	
C	horchen, lauschen, aufschnappen	
D	betrachten, linsen, erblicken, entdecken	
E	geschwind, flink, rasch, rasant	

② Ersetze die markierten Wörter durch Wörter aus den gleichen Wortfeldern.

A	Lisa hat schöne Geschenke bekommen.	tolle
B	Die Maus rennt in das Mauseloch.	
C	Malik wirft die Jacke in die Ecke.	
D	Vor Angst lässt sie den Stift fallen.	
E	Der Wald ist dunkel.	

① Lies den Text und unterstreiche alle Wörter für sagen.

Hauchte, wetterte, sprach, brüllte

1   Gestern Abend, sprach er.

Es war schon dunkel, erzählte er.

Wollte ich zu meinem Schwager, berichtete er.

Aber in dem Fliederbusch vor seinem Haus, tuschelte er.

5   Sah ich etwas glühen, zischte er.

Zwei grüne Augen, keuchte er.

Da lauerte ein Gespenst, schrie er.

Ich –, stieß er hervor.

Auf und davon wie der Blitz!, gestand er.

10   Da hättest du auch Angst gehabt, behauptete er.

Nun haben sie ohne mich Geburtstag gefeiert, jammerte er.

Es war bestimmt sehr lustig, schluchzte er.

Aber das nächste Mal, knurrte er.

Nehme ich einen Prügel mit, drohte er.

15   Und dann haue ich es windelweich, verkündete er.

Dieses freche, böse, hinterhältige, gemeine …, brüllte er.

Hoffentlich hat es das nicht gehört, hauchte er.

Aber untertags schläft es, versicherte er.

Wahrscheinlich, meinte er.

20   Dieses verdammte Gespenst, wetterte er.

Oder war es eine Katze?, fragte er.

Das kann gut sein, sagte ich.

Josef Guggenmos

 ② Kläre mit einem Partnerkind die unterstrichenen Wörter aus ①,
die du nicht kennst.

1 Lies den Text und unterstreiche alle Wörter, die zum Wortfeld gehen gehören.

Auf dem kürzesten Weg

Kims Mutter möchte, dass Kim nach der Schule
direkt nach Hause kommt und nicht trödelt.
Obwohl Kim sonst sehr gerne bummelt, will sie Mamas Wunsch erfüllen.
Nach der letzten Stunde verlässt Kim die Schule. Sie läuft nicht wie gewohnt
durch den Vorderausgang. Kim rennt hinter der Schule über den Bolzplatz,
geht die Böschung hinauf und kriecht oben durch das dichte Gebüsch.
Vor ihr liegen viele kleine Gärten. Vorsichtig stelzt Kim über Blumenbeete,
kniehohe Zäune, Salate und Kohlköpfe. Sie klettert über eine leere Hundehütte.
Sie überquert eine Straße. ◇

Werner Färber

2 Schreibe den Text ab. Ersetze das Wort gehen
durch ein passendes Wort.
Die Wörter im Kasten helfen dir.

Heft 3, S. 38 ②
Als Lea und ich ...

Als Lea und ich am Abend nach Hause gehen, ist es
schon dunkel. Wir gehen durch die Müllerstraße.
Dort steht ein unbewohntes Haus. Neugierig
gehen wir zur Tür. Wir gehen in das Haus hinein,
weil wir ein Geräusch hören. Was ist das?
Eine Maus geht vorbei. Sie geht in den Keller.
Plötzlich hören wir Schritte. Ein Mensch geht
zur Haustür und öffnet sie. Was nun?

wandern ✶ laufen ✶	
flitzen ✶ schlurfen ✶	
eilen ✶ schleichen ✶	
tapsen ✶ hasten ✶	
huschen ✶ hüpfen ✶	
hinken ✶ trödeln	

Wörter und Bilder reizen zum **Erzählen**.

Fahrrad
Apfelbaum
Schokoladenfleck

Wüste
Schulausflug
Orangensaft

① Zeichne zu jedem Wort ein kleines Bild.

Kind	Mülltonne	Raumschiff

② Schreibe eine kurze Geschichte, in der die drei Wörter aus ① vorkommen.

So schreibe ich eine Reizwortgeschichte:

1. **Ich lese** die Reizwörter und stelle sie mir bildlich vor.

2. **Ich plane** eine Geschichte, in der diese Wörter eine wichtige Rolle spielen.
   Welche Personen/Gegenstände kommen vor?

3. **Ich schreibe** mit Hilfe der Reizwörter eine Geschichte und achte darauf,
   – in der Einleitung alle W-Fragen aufzugreifen,
   – ausführlich den Hauptteil zu erzählen,
   – wörtliche Rede zu verwenden,
   – abwechslungsreiche Wörter zu benutzen (Wortfelder),
   – einen passenden Schluss zu verfassen,
   – unterschiedliche Satzanfänge zu verwenden,
   – eine passende Überschrift zu ergänzen.

4. **Ich lese** die Reizwortgeschichte noch einmal und achte dabei auf die wörtliche Rede und abwechslungsreiche Wörter.

5. **Ich überarbeite** die Reizwortgeschichte.

Treffende Verben machen die Geschichte spannender.

① Schreibe eine Reizwortgeschichte. Wähle aus:

Schaf	Tischtennis	Strand

Computer	Bäcker	Spaghetti

Heft 3, S. 40 ①

1 Lies die Reizwortgeschichten von Hanna und Emil.

| Abend | Handy | Aprilscherz |

Am Sonntag war der erste April. Am Abend rief ich mit dem Handy meinen Onkel an. Dann rief ich ins Handy: „Miau!" Dann legte ich wieder auf. Dann lachte ich laut los. Dann dachte ich: „Was für ein lustiger Aprilscherz." Dann ging ich ins Bett.

Hanna

Ein gruseliger Anruf

Am Sonntag gegen Abend war ich allein zu Hause. Ich wollte gerade ins Bett gehen, da klingelte das Handy. Ich ging ran und hörte eine flüsternde Stimme: „Geh nicht in dein Bett!" Mir wurde ganz mulmig und ich war wie erstarrt. Als nach fünf Minuten das Handy wieder läutete, wollte ich erst gar nicht rangehen. Doch meine Neugier war groß. Diesmal sagte die Stimme: „Geh nicht in dein Bett! Darin könnte sich ein Aprilscherz verstecken." Am lauten Lachen erkannte ich meine Freundin Tosca. Nun mussten wir beide lachen.

Emil

2 Gib Hanna und Emil eine Rückmeldung. Beachte den Leitfaden auf Seite 40.

Hanna: Deine Geschichte

① Lies die Bauanleitung.

Ein Segelboot bauen

Du brauchst:

3 Korken, 2 Gummibänder, Karton, Schere, Stifte, 1 Holzstäbchen

So geht's:

1		Zuerst bindest du die Korken mit zwei Gummibändern zusammen.
2		Nun schneidest du für das Segel ein Rechteck aus dem Karton und malst es bunt an.
3		Dann spießt du das Holzstäbchen durch das Segel.
4		Zuletzt steckst du das Holzstäbchen mit dem Segel als Mast in den mittleren Korken.

② Baue das Segelboot aus ①.

③ Suche im Internet
eine Anleitung für etwas,
das du bauen willst.
Gib einen passenden Begriff in
eine Kindersuchmaschine ein.
Schreibe Anleitung oder
bauen dazu.

Ich möchte ein Raketenauto bauen.

Dann gebe ich **Raketenauto bauen** in die Suchmaschine ein.

Lernportion 7: Handlungsabläufe beschreiben

42

MK: im Internet mit Hilfe einer Kindersuchmaschine eine Bauanleitung suchen
MK-Tipp: ein Erklärvideo zu einer Bauanleitung drehen

① Nummeriere die Sätze in der richtigen Reihenfolge.

Zähne putzen

_____ drücke ich die Zahnpasta auf die Bürste.

_____ spüle ich den Mund aus.

 _____ nehme ich die Zahnbürste und mache sie unter dem Wasserhahn nass.

_____ reinige ich die Zahnbürste unter fließendem Wasser.

_____ putze ich zwei Minuten lang die Zähne mit kreisenden Bewegungen.

_____ gehe ich in dieser Reihenfolge vor: Kauflächen, Außenseiten, Innenseiten.

② Schreibe die Anleitung zum Zähneputzen aus ①
in der richtigen Reihenfolge auf.
Ergänze unterschiedliche Satzanfänge.

| Zuerst | Danach | Als Nächstes | ... |

Heft 3, S. 43 ②
Zähne putzen
Zuerst nehme ich die ...
...

③ Schreibe eine Anleitung zum Haarewaschen.
Die Bilder und die Wörter helfen dir.
Achte auf unterschiedliche Satzanfänge.

Heft 3, S. 43 ③
Haare waschen
Zuerst ...

Haare waschen

| Duschbrause | kleine Menge | einschäumen |

| warmes Wasser | Shampoo | Augen schließen | ausspülen |

So schreibe ich eine Anleitung:

1. **Ich überlege**, welche Handlung ich beschreiben möchte.

2. **Ich plane**, welche Schritte ich durchführe, und notiere dazu Stichwörter.

3. **Ich schreibe** mit Hilfe der Stichwörter **eine Anleitung** und beachte:
   – Überschrift (bezeichnet die Handlung),
   – Einleitung (benötigte Gegenstände und Zutaten),
   – Hauptteil (richtige Reihenfolge, treffende Wörter / Fachbegriffe),
   – Schluss (beschreibt das Ergebnis),
   – Zeitform Gegenwart,
   – abwechslungsreiche Satzanfänge.

4. **Ich lese** die Anleitung noch einmal und achte dabei auf die Reihenfolge und darauf, ob alle Schritte verständlich beschrieben wurden.

5. **Ich überarbeite** die Anleitung.

② Schreibe mit Hilfe der Bilder und des Leitfadens von Seite 44 eine Anleitung.

Heft 3, S. 45 ②
Hände waschen
Man ...

Anleitungen stehen auch oft in der Man-Form. **Man nimmt zuerst ...**

Hände waschen

30 Sekunden

③ Lest euch eure Anleitungen aus ② vor. Gebt euch eine Rückmeldung, was gut gelungen ist und was ihr noch verbessern könnt.

Ich habe deine Anleitung gut verstanden.

Die Zeitform passt nicht immer.

Ich habe noch eine Frage zu ...

① Ordne die einzelnen Schritte den Bildern zu.
Das Lösungswort verrät dir den Namen des Gerichts.

Zutaten für 6 Personen:
- 6 Scheiben Toastbrot, Ciabatta oder Baguette
- 6 reife Tomaten
- Olivenöl
- 1 Prise Salz
- 2–3 Knoblauchzehen
- Basilikum

T	Mischung auf Brote verteilen

US	Olivenöl auf das getoastete Brot träufeln

ET	Tomaten mit Salz und Knoblauch vermischen

BR	Brot toasten

A	mit Basilikum verzieren

CH	Tomaten und Knoblauch in Würfel schneiden

| 1 | 2 | 3 | 4 | 5 | 6 |

Lösungswort:

② Schreibe die Anleitung zu ① in ganzen Sätzen auf.
Achte auf unterschiedliche Satzanfänge.

Heft 3, S. 46 ②
Zuerst …

Zu einem Rezept gehört
eine Zutatenliste mit Mengenangaben.
Außerdem brauche ich eine Anleitung
dafür, wie es geht.

Lernportion 7: Handlungsabläufe beschreiben

Plenum: Austausch über Möglichkeiten, Handlungsabläufe geordnet festzuhalten und die Texte für die Veröffentlichung aufzubereiten

46

AH 54

✋ ①

> Hier steht das Rezept für mein Lieblingsgericht: Kartoffelsuppe.

> Ich schreibe gerade eine Zutatenliste für Gurkensalat.

> Das mag ich auch, aber noch lieber mag ich …

② Schreibe mit Hilfe eines Kochbuchs und des Leitfadens auf Seite 44 eine Anleitung für dein Lieblingsgericht auf ein Blatt Papier.

③ Male ein Bild zu deinem Lieblingsgericht.

④ Sammelt eure Rezepte in einem Klassenkochbuch.

Lernportion 7: Handlungsabläufe beschreiben

MK-Tipp: mit Hilfe einer Kindersuchmaschine ein Kochrezept im Internet finden; ein Rezept am Computer gestalten

1 Lies die E-Mail.
Unterstreiche alle Zutaten für Rosmarinkartoffeln und schreibe eine Zutatenliste.

Hinweise wie „nicht in den Finger schneiden" gehören nicht in ein Rezept.

Heft 3, S. 48 ①+②
Rosmarinkartoffeln
Zutaten:
– 500 Gramm Kartoffeln
– ...
Anleitung:
Zuerst schrubbe ich ...

Von:	Daniel-Koch@beispiel.de
An:	emil.kowalski@beispiel.de
Betreff:	Rosmarinkartoffeln

Lieber Emil,

am letzten Wochenende hast du die leckeren Kartoffeln bei mir gegessen und nun habe ich endlich die Zeit gefunden, dir das Rezept aufzuschreiben. Du brauchst für vier Personen: 500 Gramm Kartoffeln, vier Esslöffel Olivenöl, vier Esslöffel klein gehackten Rosmarin, Salz und Pfeffer zum Würzen. Zuerst musst du die Kartoffeln mit einem Gemüsebürstchen gut abschrubben, bis die Erdreste weg sind und die Schale ganz hell ist. Dann schneidest du die Kartoffeln auf einem Brettchen in Scheiben, ungefähr einen halben Zentimeter dick. Pass auf, dass du dir nicht in die Finger schneidest! Nun streichst du das Olivenöl auf ein Backblech, bis der Boden bedeckt ist. Danach verteilst du die Kartoffeln auf dem Blech. Jetzt kommt der zerkleinerte Rosmarin auf die Kartoffeln. Zum Schluss würzt du mit Salz und Pfeffer. Nun im Backofen 20 Minuten bei 200 °C backen lassen.

Liebe Grüße

Dein Onkel Daniel

2 Schreibe die Anleitung für Rosmarinkartoffeln in der Ich-Form auf. Achte auf unterschiedliche Satzanfänge.

① Suche in Kochbüchern oder mit Hilfe einer Kindersuchmaschine
im Internet nach einem Rezept mit Kartoffeln.

② Schreibe das Rezept aus ① am Computer ab und gestalte es.
Das Beispiel von Tim und Lisa kann dir dabei helfen.

> Du könntest die Überschrift noch etwas vergrößern.

> Ich habe mein Rezept ausgedruckt und verschenke es.

③ Erklärt und begründet, ob ihr die Suche in Kochbüchern
oder die Suche im Internet besser findet.

Lernportion 7: Handlungsabläufe beschreiben

MK: ein Rezept mit Hilfe einer Kindersuchmaschine im Internet recherchieren;
Vor- und Nachteile von analogen und digitalen Kochbüchern besprechen

Das **Haiku** ist eine **japanische Gedichtform**.
Haiku-Gedichte **handeln von der Natur**, von den Jahreszeiten
und von den Elementen Feuer, Wasser, Luft und Erde.
Haikus haben eine feste Silbenzahl.
Die **drei Verse** enthalten **17 Silben**.
1. Vers = 5 Silben,   2. Vers = 7 Silben,   3. Vers = 5 Silben

① Überprüfe, ob das Gedicht ein Haiku ist.
Zähle die Anzahl der Silben in jeder Zeile. Überprüfe den Inhalt.

Der Frühlingsregen

Lässt wieder schöner werden

Fast alle Dinge.
Chiyo-ni

1. Zeile: _____ Silben

2. Zeile: _____ Silben

3. Zeile: _____ Silben

② Hier sind zwei Haikus vermischt. Unterstreiche mit zwei Farben.

Es donnert und blitzt
Flocken fallen leicht
Schneemann lacht mit großem Mund
Gräser und Blumen schwanken
Naturgewalten
Winterwunderwelt

Ein Haiku handelt vom Winter, das andere vom Frühling.

③ Schreibe die beiden Haikus aus ② richtig auf.

Heft 3, S. 50 ③

① Entscheide dich für ein Thema, zu dem du ein Haiku schreiben möchtest.
Markiere das Thema.

| Frühling | Sommer | Herbst | Winter |

| Luft | Erde | Feuer | Wasser |

② Schreibe ein Haiku zu deinem Thema aus ①.

> Nun überprüfe ich noch einmal die Silbenanzahl.

Thema: Wasser
Schöner alter Teich
Zwei Frösche springen hinein
Das Wasser plätschert I

Thema: Feuer
5 Silben _____
7 Silben _____
5 Silben _____

③ Bereite eine Präsentation zu deinem Haiku vor.
Male dazu ein schönes Bild.
Lerne das Gedicht auswendig.

> Ich lese das Haiku so oft, bis ich es auswendig kann.

④ Stellt euch gegenseitig eure Haikus vor.

1 Lies den Text.

Ein berühmter Haiku-Dichter war der Japaner Matsuo Bashō.
Er lebte von 1644 bis 1694 und wird als erster großer Haiku-Dichter
bezeichnet. Durch ihn wurde die Haiku-Dichtkunst
erst richtig bekannt. Das bekannteste Haiku
von Matsuo Bashō ist das Frosch-Haiku.
Es wurde in viele Sprachen übersetzt.

Japanische Schriftzeichen	Aussprache	Übersetzung
古池や	*furu ike ja*	Ein alter Teich.
蛙飛び込む	*kawazu tobikomu*	Ein Frosch springt hinein.
水の音	*mizu no oto*	Das Wasser plätschert.

2 Untersucht die Übersetzung des Frosch-Haikus.
Achtet auf die Anzahl der Silben.

3 Schreibe selbst ein Tier-Haiku auf ein Blatt Papier.
Gestalte es.

4 Finde im Internet weitere Haikus.
Schreibe zwei Haikus ab.

Heft 3, S. 52 ④

Lernportion 8: Gedichte schreiben

Plenum: sich gegenseitig wertschätzende Rückmeldungen zum Vortrag geben
MK: Haikus mit Hilfe einer Kindersuchmaschine im Internet recherchieren

① Lest das Gedicht. Tauscht euch darüber aus, wie das Gedicht aufgebaut ist.

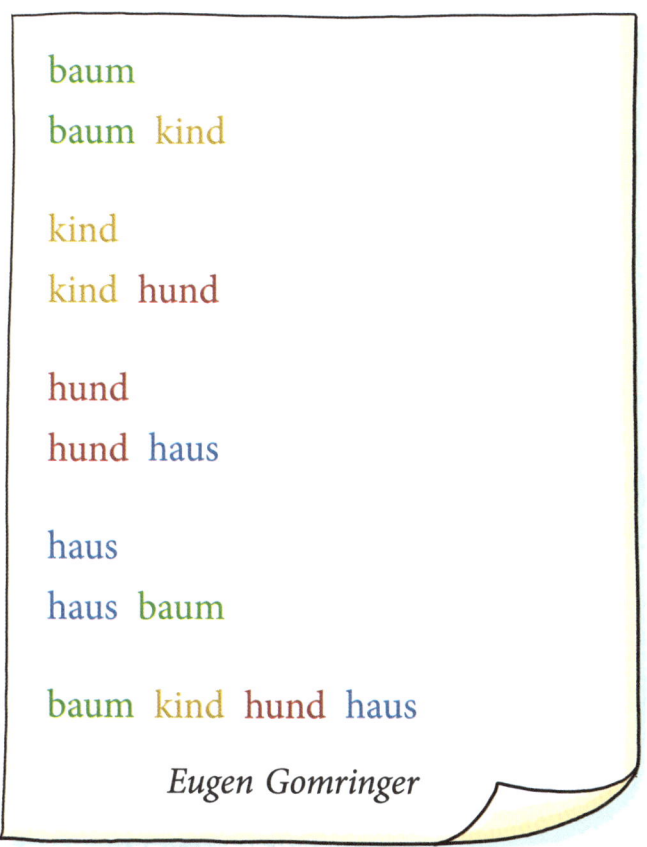

baum

baum kind

kind

kind hund

hund

hund haus

haus

haus baum

baum kind hund haus

Eugen Gomringer

Solche Gedichte nennt man **Avenidas**.

② Zeichne mit verschiedenen Farben den Bauplan des Gedichts aus ① in dein Heft.

Heft 3, S. 53 ②

Lernportion 8: Gedichte schreiben

① Finde zu einem Thema vier Wörter.

1. _____

2. _____

3. _____

4. _____

② Setze deine Wörter aus ① in den Bauplan ein.

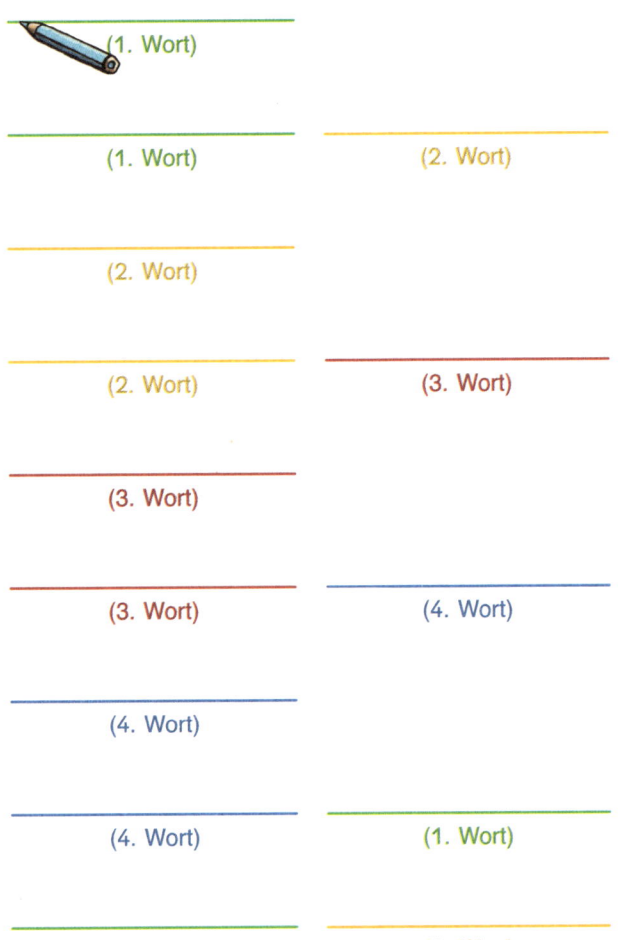

_____ (1. Wort)

_____ (1. Wort)   _____ (2. Wort)

_____ (2. Wort)

_____ (2. Wort)   _____ (3. Wort)

_____ (3. Wort)

_____ (3. Wort)   _____ (4. Wort)

_____ (4. Wort)

_____ (4. Wort)   _____ (1. Wort)

_____ (1. Wort)   _____ (2. Wort)   _____ (3. Wort)   _____ (4. Wort)

> Wenn ich Wörter eines Gedichts durch andere Wörter oder Bilder ersetze, entsteht ein **Parallelgedicht**.

③ Lest euch gegenseitig eure Gedichte aus ② vor.

> **Wörter in einem Gedicht** kann man **durch Geräusche ersetzen**. So entsteht ein **Geräuschegedicht**.

 ① Probiert aus, welche Geräusche ihr erzeugen könnt.

 ② Nehmt den Bauplan von Seite 53, Aufgabe ②.
Bestimmt für jede Farbe ein Geräusch.
Probiert das Geräuschegedicht aus.

klatschen, schnalzen, schnippen, stampfen …

Themenheft 3
Texte planen und schreiben

Herausgegeben von: Roland Bauer, Jutta Maurach

Erarbeitet von: Katrin Baudendistel, Daniela Dreier-Kuzuhara
in Zusammenarbeit mit der Redaktion Grundschule Deutsch 2–4

Redaktion: Martina Schramm, Kristina Fischer, Sabine Gerber, Milena Lemke

Illustration: Yo Rühmer, Frankfurt am Main

Umschlag: Cornelia Gründer, Corngreen GmbH, Leipzig (Gestaltung);
Yo Rühmer, Frankfurt am Main (Illustration)

Layout und
technische Umsetzung: lernsatz.de

www.cornelsen.de

1. Auflage, 1. Druck 2023

Alle Drucke dieser Auflage sind inhaltlich unverändert
und können im Unterricht nebeneinander verwendet werden.

© 2023 Cornelsen Verlag GmbH, Berlin

Druck: ppm Fulda GmbH & Co. KG, Fulda

ISBN 978-3-06-084869-0 (Themenheft 3, Verbrauchsmaterial)

PEFC-zertifiziert
Dieses Produkt stammt
aus nachhaltig
bewirtschafteten Wäldern,
Recycling und
kontrollierten Quellen
PEFC
PEFC/04-31-1308   www.pefc.de